AF243202

RECUEIL

DE LA

LÉGISLATION NOUVELLE.

BASSE-TERRE (GUADELOUPE),

Imprimerie du Gouvernement.

1848

RECUEIL

DE LA LÉGISLATION NOUVELLE.

RAPPORT

FAIT

AU MINISTRE DE LA MARINE

ET DES COLONIES,

PAR LA COMMISSION INSTITUÉE POUR PRÉPARER

L'ACTE DE L'ABOLITION IMMÉDIATE DE L'ESCLAVAGE. [*]

Citoyen ministre,

La commission que vous avez instituée pour préparer l'acte d'abolition immédiate de l'esclavage vient de terminer son œuvre. La tâche semblait fort simple. La commission, en effet, n'avait point à discuter le principe de l'affranchissement général; il est intimement lié au principe même de la République : il se pose, il ne se discute plus aujourd'hui. La République eût douté d'elle-même si elle avait pu un instant hésiter à supprimer l'esclavage. La commission n'avait pas d'avantage à débattre les conditions de l'émancipation. La République ne pouvait accepter aucune sorte de transaction avec cet impérieux devoir; elle mentirait à sa devise si elle souffrait que l'esclavage souillât plus longtemps un seul point du territoire où flotte son drapeau.

---

[*] Cette commission est composée des citoyens Victor Schœlcher, sous-secrétaire d'État de la marine et des colonies, président; Mestro, directeur des colonies ; Perrinon, chef de bataillon d'artillerie de marine ; Gatine, avocat aux conseils ; Gaumont, ouvrier ; H. Wallon et Percin, secrétaires.

1

L'abolition est décrétée, elle doit être immédiate. Le Gouvernement provisoire en avait ainsi posé les bases avant d'instituer la commission chargée d'établir la liberté. Mais il ne s'agissait pas seulement de proclamer l'affranchissement des noirs ; deux mots auraient suffi : *soyez libres !* Il fallait prendre des mesures pour que ce grand acte de réparation d'un crime de lèze-humanité s'accomplît de la manière la plus profitable à ceux qui en ont été les victimes ; il fallait en prévoir toutes les conséquences, afin d'en étendre le bien, afin d'en prévenir le mal, si quelque influence funeste pouvait en compromettre les résultats. A cet effet, la commission n'a négligé aucun moyen d'enquête ; elle a joint aux recherches de la précédente commission coloniale les documents nouvellement rassemblés dans les bureaux du ministère ; elle a reçu toutes les communications, elle a entendu, elle a questionné les représentants de tous les intérêts ; et le travail auquel elle s'est livrée montrera pourquoi, malgré ses légitimes impatiences, elle n'est pas arrivée plus tôt au but qui lui était marqué.

Cette enquête a eu pour premier résultat de l'affermir dans la conviction que l'émancipation générale réclamée par le droit naturel ne l'était pas moins par l'intérêt bien entendu des colonies. L'esclavage, tout le monde en convient, et les colons sont d'accord pour le reconnaître, l'esclavage ne pouvait plus être maintenu, et l'on devra se réputer heureux si l'on a traversé sans secousse le court intervalle qui a dû séparer la proclamation de la République et l'annonce du prochain affranchissement.

Plus d'ajournement que le temps rigoureusement nécessaire pour accomplir partout, simultanément et avec ordre, cet acte suprême. Ce ne sont donc point les nécessités de la théorie et la rigueur de la logique ; c'est la force des choses et la voix de l'expérience qui demandent d'accomplir, dans le plus bref délai, l'abolition de l'esclavage ; et, à tous égards, il faut féliciter les colonies de l'heureuse nécessité qui les en affranchit. C'est l'esclavage qui, en paralysant le travail, les a maintenues, soit pour l'agriculture, soit pour l'industrie, à un degré si triste d'infériorité vis-à-vis de la métropole. L'instrument humain dont on faisait usage sembla, pendant bien longtemps, dispenser le maître du moindre effort pour le bien diriger. L'agriculture employait à peine la charrue : jamais on ne fit un tel abus des forces brutes de l'homme. L'industrie s'en tenait aux plus vieilles routines. La canne, qui peut donner 17 p. 0/0 de sucre par des systèmes déjà mis à l'épreuve, donne, à l'heure qu'il est, 5 ou 6 p. 0/0 tout au plus. Il y avait donc une énorme déperdition de forces ; il y avait une perte énorme de produits ; et, nous ne craignons pas de l'affirmer, le travail dût-il compter moins de bras, la production pourrait s'élever encore par le meilleur emploi de ceux qui resteront, le perfectionnement des instruments et la réforme des méthodes.

Si la liberté n'était pas le droit même de la naissance, on pourrait donc dire que les esclaves de nos colonies sont mûrs pour l'affranchissement. Grâce aux bons instincts que la nature conserve jusque dans l'esclavage ; grâce aux influences que répandent, au sein même de cette atmosphère épaissie, ces lueurs de la liberté où ils aspirent, les nègres ont, dès à présent, fait preuve de qualités qui laissent bien augurer de l'avenir : un désintéressement qu'on n'aurait certes point le droit de demander à des êtres placés en dehors du droit commun ; des habitudes d'ordre, de calcul, de prévoyance, auxquelles un délégué de la Guadeloupe s'empressait de rendre hommage ; et, parmi les nouveaux affranchis, une régularité de conduite, une observance des moindres mesures de police, qui étonne les magistrats. Déjà beaucoup ont un pécule ; tous ont le goût de la propriété. On peut, on doit donc espérer qu'ils voudront grossir leurs épargnes en se louant, ou les employer en achetant de la terre ; et quelques-uns ont montré assez d'intelligence pour être désormais capables de gérer à leur propre compte d'assez grandes exploitations. La commission appelle ce résultat de tous ses vœux : ce sera justice que des hommes, traités si longtemps, à la honte de la civilisation, en dehors de la loi commune, s'élèvent ainsi dans la hiérarchie du travail et arrivent à le diriger. C'est une émancipation qui doit compléter l'autre.

En vous présentant, citoyen ministre, l'acte d'abolition immédiate de l'esclavage, la commission n'a donc point seulement le calme qui accompagne l'accomplissement d'un grand devoir, quelles qu'en soient les conséquences ; elle a pleine sécurité dans l'avenir ; elle ne croit pas seulement au droit, elle croit au succès, et toutes les propositions qu'elle vous soumet sont adoptées par elle à l'unanimité.

La commission ne s'est pas bornée à l'abolition de l'esclavage, elle n'a négligé aucune des mesures que réclame la prompte exécution de la loi, ce devoir lui était imposé par l'intérêt même des affranchis dont plusieurs, vieillards, infirmes, femmes enceintes ou enfants, se trouveraient au jour de l'émancipation non point tant libérés du joug que privés de soins nécessaires. En purifiant nos colonies de l'esclavage qui les souille, le décret pourvoit en outre à ce qu'il ne puisse les profaner jamais : il étend à leur territoire cette vertu du sol de la France, dont le seul contact communique la liberté. Il fait plus : il veut que le Français, en quelque pays qu'il réside, abdique le honteux privilége de posséder un homme : la qualité de maître devient incompatible avec le titre de citoyen français ; c'est renier son pays que d'en renier le dogme fondamental. En même temps, le décret répare les iniquités de l'esclavage ; il donne l'amnistie à ceux pour qui la servitude a pu aggraver la vindicte des lois. Un décret spécial confie à la garde de l'État, et, sous sa garantie, au dévouement de leurs frères, les vieillards, les orphelins, les infirmes, tous ces délaissés de l'ordre social qui tombe ; les nègres que nous avons entendus nous en ont donné l'assurance : ils seront recueillis.

Les colonies régénérées rentrent dans la grande famille, et il est juste qu'elles jouissent, sans délai, du droit de représentation à l'assemblée nationale. La commission vous présente un projet d'instruction pour régler l'application de ce droit comme dans la métropole et en Algérie. Dès à présent, les conseils coloniaux, qui se rattachaient à l'ancien ordre de choses, et les délégués des colonies, doivent être supprimés. La commission vous propose de le déclarer immédiatement. En attendant la décision de l'assemblée nationale, l'autorité qui représentera le Gouvernement de la République aux colonies aura besoin de réunir en elle toutes les attributions des pouvoirs locaux. La commission vous demande de l'en investir expressément.

Les maîtres et les délégués des ports, en acceptant désormais l'émancipation immédiate, y mettaient deux conditions qu'ils déclaraient inséparables : l'indemnité et l'organisation du travail. La commission n'a pas entendu comme eux la question d'indemnité. Elle ne reconnaît point le caractère de la propriété à la possession de l'homme par l'homme ; elle voit dans l'esclavage, non une institution de droit, mais un désordre social ; elle tient compte des actes qui l'ont créé comme des influences qui l'ont développé ; elle admet que le crime a été celui de l'Etat lui-même. Mais, quand elle réserve pour l'assemblée constituante la question de dédommagement, elle la comprend dans un sens plus large que les colonies ou les ports ne le supposent. Dans le régime de l'esclavage, il y a le maître qui possède et l'esclave qui est possédé ; et si la France doit une indemnité pour cet état social qu'elle a toléré et qu'elle supprime, elle la doit bien sans doute à ceux qui en ont souffert, autant qu'à ceux qui en ont profité. Le dédommagement ne peut pas être donné à la propriété exclusivement ; il doit être assuré à la colonie tout entière, afin de tourner en même temps au profit et du propriétaire et du travailleur. C'est en ces termes que la commission pose la question ; elle n'a point à la résoudre.

Quant à l'organisation du travail, il faut s'entendre sur le mot. L'association forcée, serait une autre forme de l'esclavage, nous la repoussons. La contrainte dans le travail a toujours été une cause de dépérissement et de ruine ; le progrès n'est pas possible qu'avec la pleine liberté ; l'empire romain aussi, dans sa décadence, quand l'esclavage menaçait de lui faire défaut, a voulu organiser de cette façon le travail libre. Il étouffa dans les mêmes entraves et la liberté et le travail ; il anéantit l'industrie, il constitua le servage. Nous en sortons à peine ! La République qui l'a rejeté à ses origines, ne le veut rétablir nulle part. Cette contrainte dans l'association, repoussée par le droit, condamnée par l'histoire, n'aurait pas même aujourd'hui l'excuse de la nécessité. Le travail à la tâche ou à la journée, l'association libre, le colonage partiaire, sont autant de modes qui pourront se produire et se faire concurrence au profit de la société même. Le colonage surtout a trouvé parmi les affranchis une faveur qui fait tout espérer de l'avenir. Il est aujourd'hui certain que la production du sucre n'exige plus le maintien de grands domaines. La culture de la canne peut être séparée de la préparation du produit ; et, sans attendre de nouveaux établissements, les usines qui existent peuvent se transformer en centres de fabrication et favoriser ainsi la division du sol et la petite culture. Tous ces procédés sont possibles.

L'affermissement et le développement de la France d'outremer par le travail vraiment libre , tel a été, après le décret d'abolition, la pensée dominante de la commission, et elle s'est trouvée par là engagée dans une double série de mesures. Les unes ont pour but d'assurer le travail dès le jour de l'émancipation , en l'établissant sur ses véritables bases , en réglant les rapports du propriétaire et de l'ouvrier, en assurant à ce dernier de l'ouvrage et des moyens de vivre , en réprimant le vagabondage, l'intempérance, en prévenant surtout ces vices par l'éducation devenue universelle, par les institutions les plus propres à donner l'amour de l'ordre et de l'économie , par les encouragements et les récompenses, enfin par la pleine réhabilitation du travail. Dès à présent, nous pouvons dire avec bonheur et certitude que l'ensemble de ces projets n'imposera aucune charge nouvelle à l'État. Un relevé, que nous vous soumettons, établit que , dès la première année , les économies et les accroissements de recettes résultant de la suppression de l'esclavage l'emportent sur les dépenses nouvelles. Pour la seconde année , la réduction des garnisons devient la conséquence infaillible de l'ère de liberté et de sécurité où seront entrées les colonies, et les finances de l'État se trouvent exonérées d'un fardeau annuel de plus de trois millions. D'autres mesures, auxiliaires des premières, auront pour objet de soutenir l'agriculture , l'industrie et le commerce , et de leur imprimer plus d'élan par de nouvelles institutions de crédit, par de nouveaux tarifs, et, s'il y a lieu , par l'introduction de nouveaux travailleurs libres. Ces projets ont sérieusement préoccupé la commission. Elle a compris aussi vivement que personne les grands intérêts de la marine et du commerce qui se rattachent à la question coloniale , et elle espère que le commerce des ports , à son tour, viendra en aide au succès de la libération générale. Mais ces mesures, dont elle poursuit l'étude , viendront encore à temps à l'époque où l'affranchissement aura été réalisé ; les autres doivent nécessairement accompagner le décret d'abolition, pour en rendre l'exécution plus facile et plus sûre. Maintenant, qu'elles sont complètes, la commission s'empresse de vous les présenter.

Pour assurer le travail aux colonies, une chose a paru tout d'abord indispensable à la commission : c'est de rétablir la propriété sur ses véritables bases par l'application de la loi de l'expropriation forcée. Personne n'ignore que la terre aux colonies est généralement aujourd'hui entre les mains de maîtres à qui elle ne doit plus appartenir. C'est un gage grevé d'une hypothèque dont la somme dépasse de beaucoup la valeur engagée. Sous le coup de cette menace pendante, nulle amélioration ne peut être essayée ; tout languit, et la valeur du gage baisse encore à mesure que s'élève, par des intérêts accumulés, le niveau de la dette. Il faut donc rendre la propriété sérieuse et sincère, si l'on veut rendre au travail son énergie et sa fécondité. Le gouvernement déchu, sans prendre encore aucune résolution sur l'esclavage, avait compris la nécessité d'apporter enfin cette réforme préparatoire au régime des colonies. La commission s'est demandé si elle devait proposer l'application pure et simple de la loi métropolitaine aux Antilles, ou n'y arriver que par une loi de transition. Elle a préféré ce dernier moyen ; et elle propose d'étendre les mêmes règles au Sénégal e à l'île de la Réunion, bien que notre loi civile y soit déjà en vigueur, afin de tenir compte des circonstances exceptionnelles où l'émancipation générale va placer toutes les colonies.

La propriété sera donc libérée, en même temps que le travail aura été affranchi. Désormais, un mutuel accord réglera, entre le propriétaire et le travailleur, ce que le pouvoir absolu du maître imposait jadis à son esclave, et l'on devra surtout s'appliquer à résoudre de la manière la plus équitable et la plus prompte les difficultés que ce nouveau régime peut susciter entre les deux parties. C'est pour arriver à cette fin, que la commission, citoyen ministre, vous propose l'institution de jurys cantonaux formés, par portion égale, de propriétaires et de travailleurs; magistrature permanente que l'on renouvellera par tiers tous les mois, afin de la répandre davantage entre tous, et d'en rendre les obligations moins lourdes pour chacun. Un article de ce décret prévoit le cas de coalition pour sauve-garderla sûreté publique, sans porter atteinte au droit sacré de l'association naturelle.

Ce n'est pas que la commission redoute beaucoup le danger des coalitions aux colonies. Elles n'entrent guère dans les idées de l'affranchi ; elles ne sont plus dans l'intérêt des créoles : ce n'est pas le travail qui pourra manquer aux bras, mais les bras au travail. Aussi la commission a-t-elle repoussé l'idée d'imposer aux exigences de l'une et de l'autre partie la double limite d'un minimum et d'un maximum comme une atteinte à la liberté, sans nécessité et sans profit pour personne. Seulement, afin d'assurer à tous le droit au travail, l'État ouvrirait des ateliers où l'on pourrait toujours, à défaut d'ouvrage, demander de l'emploi et trouver un salaire calculé sur la juste mesure des besoins de chaque jour ; c'est le but du projet de décret sur les ateliers nationaux. Par un salaire ainsi réduit au-dessous du niveau général, l'État reçoit le travailleur sans l'attirer ; il lui donne le nécessaire et lui laisse le désir de chercher davantage à la solde de l'industrie particulière : c'est un travail public, sans concurrence possible avec le travail privé, que l'Etat veut principalement fonder et répandre.

Le travail est raffermi par la rénovation de la propriété ; il est garanti par un juste équilibre entre le propriétaire et le travailleur ; il est assuré, au besoin, par les ateliers nationaux où la République offre à ce dernier un asile. A ces conditions, la commission a l'assurance que le noir émancipé reconnaîtra, par l'accomplissement de ses devoirs envers la société, l'acte sacré qui l'en fait membre.

Toutefois, en respectant le droit de chacun à disposer de soi, le Gouvernement a pour devoir d'imposer à tous le respect des règlements qui partout protègent l'ordre public. Telle est la loi contre le vagabondage et la mendicité. La commission vous propose de la renouveler aux colonies par un décret spécial. Tout en confirmant à l'ancien maître son droit de propriété sur les cases, les arbres, les jardins, ce décret empêche que l'affranchi n'aille s'établir sans droit sur la terre d'autrui ; et, en punissant le délit, il veut initier le coupable à une vie meilleure : l'atelier de discipline est substitué à la prison. Deux arrêtés spéciaux règlent l'organisation et des ateliers nationaux, et des ateliers de discipline, avec les différences qu'exige la destination si diverse de ces deux établissements : le premier, refuge libre de l'homme qui vient chercher du travail; le second, séjour forcé de l'homme qui n'en a pas voulu.

Il faut réprimer le mal; mais il vaut mieux encore le prévenir; et c'est aux générations nouvelles surtout qu'il importe d'inspirer de bonne heure cette juste notion du droit et du devoir, où réside la force des sociétés. C'est pourquoi, citoyen ministre, la commission joint aux décrets qu'elle vous propose un projet sur l'instruction publique.

Ce décret veut que l'éducation soit accessible, soit imposée à tous. Aux écoles obligatoires pour les enfants, il ajoute des cours facultatifs pour les adultes; en outre, afin d'offrir, dans les colonies mêmes, aux familles de toute couleur et de tout rang, ces ressources de l'enseignement supérieur que les riches créoles pouvaient seuls venir chercher dans la mère-patrie, il fonde à la Guadeloupe un lycée, à la Martinique, une institution de premier degré destinée aux filles, et, pour l'application des arts et des sciences aux professions industrielles, une école d'arts et métiers dans chacune de nos colonies.

Les mesures préventives ne doivent point seulement s'adresser à l'enfance par l'éducation; elles suivent, elles prennent l'homme dans l'âge mûr: Une des sources les plus fécondes du vice est l'intempérance, et l'on sait combien le bas prix des liqueurs communes rend, dans nos colonies comme en Europe, cette habitude désastreuse. Un projet de décret les frappe d'un impôt qui en élève l'usage au-dessus de la séduction du bon marché. En même temps que l'on détourne le travailleur de ce funeste emploi de son argent, on veut l'acheminer vers une prévoyante économie : c'est la pensée du décret qui introduit aux colonies l'institution des caisses d'épargne ; mais la question qui domine toutes les autres, c'est la réhabilitation du travail.

Le travail a porté, jusqu'à présent, parmi les noirs, le stigmate de l'esclavage ; nous devons en faire un signe d'honneur à à leurs yeux. Il faut qu'ils sachent que l'homme a reçu la liberté pour l'employer au profit de ses semblables par l'utile usage de son activité. Il faut qu'ils voient que ceux qui accomplissent le mieux ce devoir social sont aussi les plus dignes du premier rang dans la société. Voilà pourquoi la commission vous propose d'instituer une fête du travail, fête dont la célébration se fera aux anniversaires du jour où le travail sera devenu libre par l'émancipation. On y décernera des prix aux ouvriers les plus laborieux ; et ceux qui auront obtenu les premières récompenses auront désormais une place d'honneur dans toutes les cérémonies publiques.

Nous ne craignons pas, citoyen ministre, d'emprunter à l'antiquité ces usages simples et sacrés. Il est temps de reprendre le bien et de laisser à jamais le mal parmi les institutions qu'elle nous a léguées. La France, aujourd'hui, vient d'en donner aux nations un éternel exemple. Elle a reconquis la forme du gouvernement républicain sous laquelle la civilisation prit autrefois possession du monde, et elle repousse l'esclavage, qui jeta sur ce nom uncombre si fatale parmi les peuples anciens. Cet acte est le signe le moins équivoque de l'esprit qui préside à sa régénération. La République n'entend plus faire de distinction dans la famille humaine. Elle ne croit pas qu'il suffise, pour se glorifier d'être un peuple libre, de passer sous silence toute une classe d'hommes tenue hors du droit commun de l'humanité. Elle a pris au sérieux son principe ; elle répare envers ces malheureux le crime qui les enleva jadis à leurs parents, à leur pays natal, en leur donnant pour patrie la France, et pour héritage tous les droits du citoyen français ; par là, elle témoigne assez hautement qu'elle n'exclut personne de son immortelle devise :

Liberté, Égalité, Fraternité.

Le sous-secrétaire d'État, président de la commission,

V. SCHOELCHER.

Le secrétaire de la commission,

H. WALLON,

RÉPUBLIQUE FRANÇAISE.

Liberté, Égalité, Fraternité.

Nous, Commissaire général de la République, à la Guadeloupe et dépendances,

En vertu des pouvoirs qui nous ont été délégués par le Gouvernement provisoire de la République ;

Vu l'article 66 de l'ordonnance du 9 février 1827 ;

Vu les décrets du Gouvernement provisoire de la République, en date des 27 avril, 2 et 3 mai 1848, dont suit l'énumération :

1° Décret portant l'abolition de l'esclavage ;

2° Décret qui pourvoit au sort des vieillards, des infirmes et des orphelins après l'émancipation ;

3° Décret portant établissement d'écoles gratuites aux colonies et d'un lycée à la Guadeloupe ;

4° Décret portant institution de jurys cantonaux pour le règlement des contestations relatives au travail et la répression des faits de coalition, ou autres ;

5° Décret portant création d'ateliers nationaux aux colonies, suivi d'un arrêté réglementaire du ministre de la marine et des colonies pour l'organisation de ces ateliers ;

6° Décret concernant la répression du vagabondage et de la mendicité aux colonies, et portant création d'ateliers de discipline, suivi d'un arrêté réglementaire du ministre de la marine et des colonies, pour l'organisation de ces ateliers ;

7° Décret portant création de caisses d'épargne aux colonies ;

8° Décret relatif à l'impôt personnel et aux taxes sur les spiritueux ;

9° Décret instituant une fête du travail et des récompenses publiques pour les travailleurs qui les auront méritées ;

10° Décret sur le régime hypothécaire et l'expropriation forcée aux colonies ;

11° Instruction du Gouvernement provisoire pour les élections dans les colonies, ayant force de décret ;

12° Décret portant suppression des conseils coloniaux et des fonctions de délégués des colonies ;

13°. Décret concernant les pouvoirs des commissaires généraux de la République dans les colonies ;

14° Décret concernant le régime de la presse aux colonies ;

15°. Décret portant application aux colonies de la législation sur le recrutement de l'armée, sur l'inscription maritime et sur l'organisation de la garde nationale,

Avons arrêté et arrêtons ce qui suit :

Art. 1er. Les décrets législatifs et les arrêtés ministériels ci-dessus mentionnés sont promulgués à la Guadeloupe et dépendances, dans les termes de l'ampliation ci-jointe au présent arrêté.

2. Le Procureur général et le Directeur de l'Administration intérieure sont chargés, chacun en ce qui le concerne, de l'exécution du présent arrête, qui sera enregistré, inséré au bulletin officiel de la colonie, et publié partout où besoin sera.

Fait à la Basse-Terre, en l'hôtel du Gouvernement, le 5 juin 1848.

AD. GATINE.

Par le Commissaire général de la République :

Le Procureur général,
BAYLE MOUILLARD.

DÉCRET portant abolition de l'esclavage.

RÉPUBLIQUE FRANÇAISE.
Liberté, Égalité, Fraternité.

AU NOM DU PEUPLE FRANÇAIS.

Le Gouvernement provisoire,

Considérant que l'esclavage est un attentat contre la dignité humaine ;

Qu'en détruisant le libre arbitre de l'homme, il supprime le principe naturel du droit et du devoir ;

Qu'il est une violation flagrante du dogme républicain : *Liberté, Égalité, Fraternité,*

Décrète :

ART. 1er. L'esclavage est entièrement aboli dans toutes les colonies et possessions françaises.

2. Le système d'engagement à temps établi au Sénégal est supprimé.

3. Les gouverneurs ou commissaires généraux de la République sont chargés d'appliquer l'ensemble des mesures propres à assurer la liberté à la Martinique, à la Guadeloupe et dépendances, à l'île de la Réunion, à la Guyane, au Sénégal et

autres établissements français de la côte occidentale d'Afrique , à l'île Mayotte et dépendances et en Algérie.

4. Sont amnistiés les anciens esclaves condamnés à des peines afflictives ou correctionnelles pour des faits qui , imputés à des hommes libres, n'auraient point entraîné ce châtiment. Sont rappelés les individus déportés par mesure administrative.

5. L'assemblée nationale réglera la quotité de l'indemité qui devra être accordée aux colons.

6. Les colonies purifiées de la servitude et les possessions de l'Inde seront représentées à l'assemblée nationale.

7. Le principe que le sol de la France affranchit l'esclave qui le touche , est appliqué aux colonies et possessions de la République.

8. A l'avenir , même en pays étranger, il est interdit à tout Français de posséder, d'acheter ou de vendre des esclaves, et de participer , soit directement , soit indirectement, à tout trafic ou exploitation de ce genre. Toute infraction à ces dispositions entraînera la perte de la qualité de citoyen français.

Néanmoins les Français qui se trouveront atteints par ces prohibitions, au moment de la promulgation du présent décret, auront un délai de trois ans pour s'y conformer. Ceux qui deviendront possesseurs d'esclaves en pays étrangers, par héritage, don ou mariage, devront, sous la même peine , les affranchir ou les aliéner dans le même délai, à partir du jour où leur possession aura commencé.

9. Le ministre de la marine et des colonies et le ministre de la guerre sont chargés , chacun en ce qui le concerne, de l'exécution du présent décret.

Fait à Paris , en conseil de Gouvernement, le 27 avril 1848.

Les membres du Gouvernement provisoire ,

DUPONT (DE L'EURE), LAMARTINE, Armand MARRAST, GARNIER-PAGÈS , ALBERT , MARIE , LEDRU-ROLLIN , FLOCON , CRÉMIEUX , Louis BLANC , ARAGO.

Le secrétaire du Gouvernement provisoire ,

PAGNERRE.

DÉCRET qui pourvoit au sort des vieillards, des infirmes et des orphelins, après l'émancipation.

RÉPUBLIQUE FRANÇAISE.
Liberté, Égalité, Fraternité.

AU NOM DU PEUPLE FRANÇAIS.

Le Gouvernement provisoire ,

Considérant que la société doit aide et assistance à tous ses membres dans le besoin ;

Que le principe de la fraternité impose le même devoir à tous les hommes entre eux ,

Décrète :

ART. 1er. Dans les colonies où l'esclavage est aboli par décret de ce jour, les vieillards et les infirmes seront conservés sur les habitations dont l'atelier voudrait donner au propriétaire une somme de travail équivalente à leur entretien, leur nourriture et leur logement.

2. L'autorité locale interviendra pour réglementer les sacrifices acceptés par la générosité des affranchis.

3. Les vieillards et les infirmes abandonnés, en attendant l'installation d'hospices pour les recueillir, seront confiés à des familles honnêtes moyennant une équitable rétribution.

4. Les orphelins abandonnés seront placés dans des fermes agricoles ou tous autres établissements d'instruction publique pour y recevoir une éducation intellectuelle et professionnelle.

Des crèches et des salles d'asile seront ouvertes dans toutes les localités où l'autorité les jugera utiles.

Le produit des amendes prononcées par les juges de paix et les jurys cantonaux sera versé dans les caisses municipales , et exclusivement affecté au paiement des secours dus aux vieillards, aux infirmes, aux orphelins et aux enfants des travailleurs pauvres , nonobstant toute disposition contraire à des lois existantes.

Un arrêté du commissaire général de la République déterminera les mesures d'exécution du présent décret, ainsi que la répartition du produit des amendes mentionnées dans l'article précédent entre les diverses communes de chaque canton.

5. Le ministre de la marine et des colonies est chargé d
l'exécution du présent décret.

Fait à Paris, en conseil de Gouvernement, le 27 avril 1848.

Les membres du Gouvernement provisoire
de la République française ,

(Suivent les mêmes signatures).

DÉCRET portant établissement d'écoles gratuites aux
colonies et d'un lycée à la Guadeloupe.

RÉPUBLIQUE FRANÇAISE.
Liberté, Égalité, Fraternité.
AU NOM DU PEUPLE FRANÇAIS.

Le Gouvernement provisoire,

Considérant que la préparation de la jeunesse à la vie morale,
civile et politique, est un des premiers devoirs que la société ait
à remplir vis-à-vis d'elle-même ;

Que plus il y a d'hommes éclairés dans une nation, plus la loi
et la justice sont respectées ;

Que la société doit l'éducation gratuite à tous ses membres,
Décrète :

Art. 1er. Aux colonies, où l'esclavage est aboli par décret de
ce jour, il sera fondé, dans chaque commune, une école élémentaire gratuite pour les filles, et une école élémentaire gratuite pour les garçons.

2. Ces écoles, placées sur des points choisis de manière à
faciliter la réunion des enfants, seront multipliées autant que
l'exigeraient les besoins de la population.

3. Nul ne peut se soustraire au devoir d'envoyer à l'école son
enfant, fille ou garçon, au-dessus de six ans et au-dessous de dix
ans, à moins qu'il ne le fasse instruire sous le toit paternel.

4. Tout père, mère ou tuteur qui, sans raison légitime et
après trois avertissements donnés par le maire de la commune,
aura négligé d'envoyer ses enfants à l'école, sera passible d'un
à quinze jours de prison.

5. Les absences de l'enfant à l'école sont constatées par l'in-
stituteur dans un rapport hebdomadaire qu'il adresse au maire de

la commune; le juge de paix prononce sur le vu des pièces et après avoir entendu le délinquant.

6. Les classes ne pourront durer moins de six heures par jour.

7. Le Gouvernement fera faire, pour les écoles des colonies, des livres élémentaires où l'on mettra en relief les avantages et la noblesse des travaux de l'agriculture.

8. Les salles des écoles pourront être mises à la disposition des personnes qui seront agréées par l'autorité pour la tenue de classes du soir et du dimanche, à l'usage des adultes des deux sexes.

9. L'établissement des écoles publiques n'exclut pas les écoles particulières qui seraient ouvertes conformément aux lois existantes.

10. Une école normale des arts et métiers sera établie dans chaque colonie.

Un lycée destiné à porter dans les Antilles l'enseignement secondaire sera fondé à la Guadeloupe sans préjudice des colléges communaux qui pourront être établis ailleurs.

11. Une institution de degré supérieur sera établie à la Martinique pour les jeunes filles.

12. Le ministre de la marine et des colonies est chargé de l'exécution du présent décret.

Fait à Paris, en conseil de Gouvernement, le 27 avril 1848.

Les membres du Gouvernement provisoire,

(Suivent les mêmes signatures).

DÉCRET portant institution de jurys cantonaux pour le règlement des contestations relatives au travail et à la répression des faits de coalition et autres.

RÉPUBLIQUE FRANÇAISE.

Liberté, Égalité, Fraternité.

AU NOM DU PEUPLE FRANÇAIS.

Le Gouvernement provisoire décrète :

TITRE PREMIER.

Formation et composition des jurys cantonaux.

ART. 1er. Aux colonies où l'esclavage est aboli par décret de ce jour, il sera établi, dans chaque ressort de justice de paix,

un jury composé de six membres siégeant, en audience publique,
au chef-lieu de canton, sous la présidence du juge de paix. Ce
jury sera renouvelé par tiers tous les mois.

2. Les jurés seront tirés au sort sur les listes électorales des
communes du canton.

Les noms portés sur ces listes seront mis dans une urne, et le
juge de paix fera le tirage en audience publique.

Ce tirage devra désigner d'abord six jurés titulaires et ensuite
trois jurés suppléants qui devront être domiciliés dans la commune chef-lieu du canton. Il n'y aura de récusations que celles
autorisées par le droit commun contre les juges.

Le greffier dressera procès-verbal de l'opération.

Les citoyens que le sort aura désignés seront avertis par notification administrative, huit jours au moins avant le 1er de
chaque mois.

Au jour indiqué par cette notification, ils devront répondre
à l'appel qui sera fait de leurs noms par le magistrat chef du jury,
sous peine d'une amende de 5 à 50 fr., qui sera prononcée, s'il
y a lieu, par ce magistrat.

3. Pourront seuls faire partie du jury, au nombre de trois,
les citoyens qui posséderont ou qui exerceront une industrie,
et pareillement au nombre de trois, les travailleurs industriels
ou agricoles.

Le magistrat chef du jury prononcera sur toutes causes d'em-
pêchement, d'exclusion ou d'incompatibilité.

4. Ceux des jurés titulaires qui se trouveront empêchés seront
remplacés par les jurés suppléants dans l'ordre du tirage.

Le jury sera constitué par la présence de six membres, et
entrera immédiatement en fonction. Il siégera au moins deux
fois par semaine, et les jours de ses audiences seront indiqués
par des affiches dans toutes les communes.

TITRE II.

Attributions des jurys cantonaux en matière civile.

Art. 5. Le jury conciliera, si faire se peut, d'office, ou sur
présentation volontaire des parties, ou sur avis de comparution,
sans frais, toutes contestations sur l'exécution des engagemens,
soit entre les propriétaires et les gérants, maîtres, ouvriers,

2

travailleurs ou gens de service, soit entre les chefs d'industrie, fabricants ou marchands, et les commis contre-maîtres, ouvriers ou apprentis.

A défaut de conciliation le jury prononcera, dans les mêmes cas, sur simple citation et sans frais.

Les jugements seront signés par le magistrat chef du jury et par le greffier de la justice de paix. Ils seront sans appel si la condamnation n'excède pas 500 francs. Au-dessus de cette somme, l'appel pourra être porté devant le tribunal d'arrondissement. L'exécution provisoire aura lieu dans tous les cas, mais à la charge de donner caution lorsque la condamnation excédera 500 fr.

6. Est abrogé, aux colonies, l'art. 178 du code civil, portant que le maître en est cru sur son affirmation, dans les cas déterminés audit article.

TITTRE III.

Attributions des jurys cantonaux en matière pénale.

Art. 7. Tout fait tendant à troubler l'ordre ou le travail dans les ateliers, chantiers, fabriques ou magasins, tous manquements graves des propriétaires ou chefs d'industrie et des ouvriers ou travailleurs, les uns envers les autres, pourront être punis par les jurys cantonaux d'une amende de 5 à 100 fr., sans préjudice des peines plus graves dont les prévenus seraient passibles d'après le code pénal. La condamnation sera sans appel.

8. Toute coalition entre ceux qui font travailler des ouvriers ou entre les travailleurs, tendant à faire abaisser ou élever injustement ou abusivement les salaires, à interdire le travail dans un atelier, à empêcher de s'y rendre et d'y rester avant ou après certaines heures, et en général toute coalition pouvant nuire au maintien régulier du travail, sera, s'il y a eu tentative ou commencement d'exécution, punie d'une amende de 20 à 5,000 fr.

9. Seront punis de la même peine, tous individus employant des ouvriers, ou tous ouvriers qui auront prononcé des amendes des défenses, des interdictions, ou des proscriptions quelconques les uns envers les autres.

10. sont abrogés, aux colonies, les art. 414, 415 et 416 du

Code pénal (1), remplacés par les art. 8 et 9 du présent décret.

11. Aux cas prévus par les art. 7, 8 et 9 ci-dessus, il sera procédé sur la poursuite du ministère public institué près les tribunaux de simple police, et dans les formes établies pour ces tribunaux;

Aux cas prévus par les art. 8 et 9, le ministère public, ou le condamné, aura la faculté d'appel devant les juridictions correctionnelles établies aux colonies.

TITRE IV.

Dispositions générales.

Art. 12. Les jurés auront droit, s'ils le requièrent, à une indemnité de 2 fr. par chaque jour de séance.

13. Les attributions de juges de paix, soit en matière civile, soit en matière de police, déterminées par la législation existante dans les colonies, sont maintenues en tout ce qui n'est pas contraire aux dispositions du présent décret.

14. Le ministre de la marine et des colonies est chargé de l'exécution du présent décret.

Fait à Paris, en conseil de Gouvernement, le 27 avril 1848.

*Les membres du Gouvernement provisoire de
la République française,*

(Suivent les mêmes signatures).

---

(1) Art. 414. Toute coalition entre ceux qui font travailler des ouvriers tendant à forcer injustement et abusivement l'abaissement des salaires, suivis d'une tentative ou d'un commencement d'exécution, sera punie d'un emprisonnement de seize jours à un mois, et d'une amende de 200 fr. à 3,000 fr.

Art. 415. Toute coalition de la part des ouvriers pour faire cesser en même temps de travailler, interdire le travail dans un atelier, empêcher de s'y rendre et d'y rester avant ou après certaines heures, et, en général, pour suspendre, empêcher, enchérir les travaux, s'il y a eu tentative ou commencement d'exécution, sera punie d'un emprisonnement d'un mois au moins et de trois mois au plus.

Les chefs ou moteurs seront punis d'un emprisonnement de 2 ans à 5 ans.

Art. 416. Seront aussi punis de la peine portée par l'article précédent, et d'après les mêmes distinctions, les ouvriers qui auront prononcé des amendes, des défenses, des interdictions, ou toutes proscriptions sous le nom de damnations et sous quelques qualifications que ce puisse être, soit contre les directeurs d'ateliers et entrepreneurs d'ouvrages, soit les uns contre les autres.

Dans le cas du présent article et dans celui du précédent, les chefs ou moteurs du délit pourront, après l'expiration de leur peine, être mis sous la surveillance de la haute police pendant deux ans au moins et cinq ans au plus.

DÉCRET portant création d'ateliers nationaux aux colonies.

RÉPUBLIQUE FRANÇAISE.
Liberté, Égalité, Fraternité.

AU NOM DU PEUPLE FRANÇAIS.

Le Gouvernement provisoire de la République,

Considérant que la société doit assurer à tous le droit au travail,

Décrète :

ART. 1er. Sous la dénomination d'*ateliers nationaux*, il sera établi dans les colonies des ateliers de travail, dont l'organisation sera réglée par arrêté du ministre de la marine et des colonies. Tout individu manquant de travail y pourra être employé en acceptant les conditions que déterminera l'arrêté ministériel.

2. Le ministre de la marine et des colonies est chargé de l'exécution du présent décret.

Fait à Paris, en conseil de Gouvernement, le 27 avril 1848.

Les membres du Gouvernement provisoire de la République,

(Suivent les mêmes signatures).

ARRÊTÉ du ministre de la marine et des colonies pour l'organisation des ateliers nationaux.

RÉPUBLIQUE FRANÇAISE.
Liberté, Égalité, Fraternité.

AU NOM DU PEUPLE FRANÇAIS.

Le ministre de la marine et des colonies,

Arrête ce qui suit :

ART. 1er. Conformément à l'art. 1er du décret de ce jour, portant création d'ateliers nationaux dans les colonies, il sera établi, dans chaque colonie de la République, un ou plusieurs ateliers nationaux, où les travailleurs sans ouvrage seront employés moyennant salaire.

Ces ateliers seront formés sur les propriétés domaniales actuellement existantes ou sur des terrains achetés par l'État.

De la nature des travaux des ateliers nationaux.

Art. 2. Les travaux des ateliers nationaux seront ceux qui s'exécutent dans les différents établissements agricoles. Ils s'étendront à toute espèce de culture compatible avec le climat et le terrain.

Du séjour à l'atelier national.

Art. 3. Les travailleurs sans ouvrage pourront, à leur volonté, entrer à l'atelier national et en sortir. Toutefois ils ne pourront y séjourner moins d'une semaine, sauf décision contraire du gérant.

Du gérant, du chef d'atelier, des maîtres et contre-maîtres ouvriers.

Art. 4. Chaque atelier national sera placé sous l'autorité d'un gérant nommé par le commissaire général de la République.

Ce gérant relèvera du directeur de l'administration intérieure.

Il aura sous sa dépendance un chef d'atelier, des maîtres-ouvriers et des contre-maîtres nécessaires pour la surveillance des travaux.

Des attributions du gérant:

Art 5. Le gérant est chargé de la direction des cultures et de la comptabilité.

Sa surveillance s'exerce sur tout ce qui concerne l'ordre intérieur de l'atelier et la régularité du service.

De la durée du travail journalier.

Art. 6. La durée du travail journalier sera de neuf heures, réparties entre le lever et le coucher du soleil. Les travailleurs se rendront individuellement à leurs occupations, aux heures fixées par le règlement intérieur de l'atelier.

De la nourriture.

Art. 7. Les travailleurs pourront faire préparer leur nourriture dans une cantine établie dans l'atelier. Le gérant prendra les dispositions nécessaires pour que cette nourriture soit donnée de la manière la plus convenable et la moins onéreuse pour les travailleurs.

Du salaire.

Art. 8. Les travailleurs hommes, femmes et enfants recevront un salaire qui variera suivant leurs forces et leur âge.

Des punitions.

Art. 9. Tout individu faisant partie de l'atelier national, qui aura négligé ou refusé le travail, pourra être puni de la suppression de tout ou partie de son salaire, ou sera renvoyé de l'atelier.

Du jury des travailleurs.

Art. 10. Un jury composé de cinq membres élus par les travailleurs prononcera ces punitions.

La plainte sera portée par le gérant ou par le chef d'atelier.

Disposition générale.

Art· 11. Une instruction détaillée sera publiée, dans chaque colonie, par le commissaire général de la République, pour l'exécution du présent arrêté.

A Paris, le 27 avril 1848.

F. Arago.

DÉCRET concernant la répression du vagabondage et de la mendicité aux colonies, et portant création d'ateliers de discipline.

BÉPUBLIQUE FRANÇAISE.
Liberfé, Égalité, Fraternité.
AU NOM DU PEUPLE FKANÇAIS.

Le Gouvernement provisoire de la République,

Considérant que le travail est la première garantie de la morale et de l'ordre dans la liberté ;

Que la sécurité générale est intéressée à la répression de la mendicité et du vagabondage,

Décrète :

Art. 1er. Dans les colonies où l'esclavage est aboli par le décret de ce jour, la mendicité et le vagabondage sont punis correctionnellement, ainsi qu'il suit :

Tous mendiants, gens sans aveu ou vagabonds, seront mis à la disposition du Gouvernement pour un temps déterminé, dans les limites de trois à six mois, selon la gravité du cas. Ils seront, durant ce temps, employés au profit de l'État, à des travaux publics, dans des *ateliers de discipline*, dont l'organisation et le régime seront réglés par un arrêté du ministre de la marine et des colonies.

Les condamnés pourront être renfermés dans ces ateliers ou conduits au dehors pour l'exécution des travaux sous la garde des agents de la force publique.

Art. 2. Les cases et les terrains actuellement affectés aux esclaves, ainsi que les arbres fruitiers dont ils jouissent, restent la propriété des maîtres, à moins de conventions contraires. Néanmoins les propriétaires ne pourront priver les affranchis des fruits et récoltes pendant par branches ou par racines.

Art. 3. Tout individu qui résidera sur des terrains appartenant à l'État ou aux particuliers sans être usufruitier, fermier, locataire ou concessionnaire à autre titre, sera expulsé de ces terrains par voie de police administrative, et sera passible, s'il y a lieu, des peines portées en l'article 1er. Pourront néanmoins se faire réintégrer par jugement ceux qui auraient à exercer contre l'État ou les particuliers des actions civiles résultant de la possession légale.

Art. 4. Il sera pourvu à l'organisation d'un corps de surveillants ruraux investis des attributions des officiers de police judiciaire, et chargés spécialement de la recherche des délits prévus dans les articles précédents. Les surveillants ruraux porteront un uniforme.

Art. 5. Sont maintenues toutes les dispositions du Code pénal non contraires à celles du présent décret.

6. Le ministre de la marine et des colonies est chargé de l'exécution du présent décret.

Fait à Paris, en conseil de Gouvernement, le 27 avril 1848.

Les membres du Gouvernement provisoire,

DUPONT (DE L'EURE), LAMARTINE, Armand MARRAST, GARNIER-PAGÈS, ALBERT, MARIE, LEDRU-ROLLIN, FLOCON, CRÉMIEUX, Louis BLANC, ARAGO.

Le secrétaire général du Gouvernement provisoire ,

PAGNERRE.

ARRÊTÉ du ministre de la marine et des colonies pour l'organisation des ateliers de discipline aux colonies.

RÉPUBLIQUE FRANÇAISE.
Liberté, Egalité, Fraternité.

AU NOM DU PEUPLE FRANÇAIS.

Le ministre de la marine et des colonies,

Arrête ce qui suit :

Art. 1er. Conformément à l'art. 1er du décret de ce jour, portant création d'ateliers de discipline pour la répression du vagabondage et de la mendicité, il sera établi, dans chaque colonie, un ou plusieurs ateliers de discipline où seront retenus, pendant la durée de leur peine, les individus du sexe masculin qui auront été condamnés pour vagabondage ou mendicité.

De la nature des travaux de l'atelier.

Art. 2. Ces individus seront employés aux travaux des différents services publics de la colonie, ou à la culture des domaines de l'État.

De la composition de l'atelier.

Art. 3. L'atelier de discipline sera composé d'une ou de plusieurs compagnies ; chaque compagnie, de deux sections ; chaque section, de cinq escouades ; chaque escouade, de dix travailleurs, d'un chef et d'un sous-chef d'escouade. Un surveillant et un pourvoyeur feront, en outre, partie du cadre de la compagnie, qui sera ainsi déterminé :

Surveillant................	1
Pourvoyeur....	1
Chefs d'escouade...	10
Sous-chefs d'escouade......	10
Maîtres travailleurs.......	10
Travailleurs de 1re classe...	20
Id. de 2e.........	30
Id. de 3e.........	40

Total de l'effectif.... 122 h.

Du régisseur de l'atelier.

Art. 4. Chaque atelier de discipline sera placé sous les ordres d'un régisseur, dont la nomination appartiendra au commissaire général de la République. Ce chef relèvera de l'autorité du fonctionnaire chargé de la direction supérieure de la police.

Des attributions du régisseur d'un atelier.

Art. 5. Le régisseur d'un atelier de discipline sera chargé de la police et de l'administration de cet atelier. Il tiendra tous les livres et écritures y relatifs.

De la nomination aux emplois.

Art. 6. Le directeur de l'intérieur, sur la présentation d'une liste de candidats dressée par le régisseur de l'atelier, nommera les surveillants, pourvoyeurs, chefs et sous-chefs d'escouade.

De la mobilité et du fractionnement des ateliers de discipline.

Art 7. Des détachements de l'atelier de discipline pourront être établis au siége de chaque justice de paix. Ils y seront placés sous l'autorité immédiate du commissaire du canton.

De la durée du travail journalier.

Art. 8. La durée du travail journalier sera de neuf heures et demie, réparties entre le lever et le coucher du soleil.

Les travailleurs seront conduits par escouades sur le lieu des travaux, et en seront ramenés à leurs logements par leurs différents chefs.

. De la nourriture.

Art. 9. La ration de chaque travailleur se composera de 1 litre de farine de manioc et de 375 grammes de morue par jour.

La farine de manioc pourra être remplacée par 1 kilogramme de riz ou 1 kilogramme de maïs ; la morue par du bœuf salé, à raison de 250 grammes par ration.

En cas d'insuffisance, ces quantités pourront être augmentées par l'administration locale.

De la délivrance des vivres.

Art. 10. Les rations seront délivrées par le service des vivres, le magasin général, ou des fournisseurs désignés au régisseur de l'atelier de discipline, sur des demandes régulières, le samedi de chaque semaine.

De la préparation et de la distribution des vivres.

Art. 11. La nourriture sera préparée en commun.

La distribution aux travailleurs se fera, chaque jour, par le pourvoyeur, en présence du régisseur de l'atelier de discipline ou du commissaire de police, et, en leur absence, sous les yeux de leur délégué.

De la solde et des gratifications.

Art. 12. La solde des agents de l'atelier sera fixée ainsi qu'il suit :
Le surveillant, 2 fr. 50 c.
Le pourvoyeur et les chefs d'escouade, 2 fr.
Les sous-chefs, 1 fr. 75 c.
Les détenus recevront, à titre de gratification, les sommes suivantes :
Le maître travailleur, 35 c.
Le travailleur de 1re classe, 30 c.
Le travailleur de 2e classe, 25 c.
Le travailleur de 3e classe, 20 c.

Du logement.

Art. 13. Les travailleurs seront logés dans des cases ou barraques faciles à démonter et à transporter. Elles seront assez grandes pour permettre d'y loger une escouade, et leur construction s'exécutera sur un plan uniforme.

Ces cases, ainsi que l'infirmerie, la cellule disciplinaire et la cuisine de l'atelier, composeront un quartier qui devra être entouré de murs.

De l'habillement.

Art. 14. Les individus faisant partie de l'atelier de discipline porteront tous le même habillement.

Les vêtements qu'ils auront à leur entrée ne leur seront rendus qu'à l'expiration de leur peine.

De l'instruction.

Art. 15. Au siége principal de l'atelier de discipline et dans les différents détachements, des frères de Ploërmel seront chargés de donner l'instruction aux détenus, deux fois par jour, matin et soir. Ils prendront les ordres du régisseur de l'atelier de discipline ou du commissaire de police pour fixer le lieu et les heures convenables à l'accomplissement de ce devoir.

Dans les localités où il existe d'autres cultes que le culte catholique, l'instruction sera donnée aux détenus appartenant aux religions dissidentes par les ministres de ces mêmes religions.

Des punitions.

Art. 16. Les punitions à infliger aux travailleurs pour manquement à leurs devoirs, sont :

La réprimande publique faite par le régisseur ;

La consigne ;

La retenue de tout ou partie de la gratification ;

La cellule disciplinaire ;

La prison ;

Le cachot ;

La perte du rang ;

Toute faute tombant sous l'application d'une peine plus sévère sera jugée par les tribunaux compétents.

Des récompenses.

Art. 17. Les récompenses à accorder aux travailleurs pour leur zèle et leur bonne conduite sont :

La gratification en argent ;

La permission de s'absenter de l'atelier pendant un ou plusieurs jours ;

La promotion à une classe supérieure ou au grade de maître travailleur ;

La mention honorable à l'ordre du jour ;

La réduction ou la remise entière de la peine prononcée conformément à l'article 16.

Du comité de patronage.

Art. 18. Les ateliers de discipline sont placés sous le patronage d'un comité composé comme suit :

Le directeur de l'intérieur ;

Le procureur général de la République près la cour d'appel, et l'un des conseillers privés.

Le comité propose au commissaire général de la République les améliorations morales et matérielles dont les ateliers de discipline lui paraissent avoir besoin.

Toutes les fois qu'il le juge convenable, il intervient, par la présence d'un ou de plusieurs de ses membres, dans l'application des peines disciplinaires ou la distribution des récompenses.

Du remboursement à faire par les différents services.

Art. 19. Un arrêté du commissaire général de la République fixera le prix de la journée de chaque espèce de travailleur pour servir de base aux remboursements à faire par les différents services.

Atelier des femmes.

Art. 20. Les femmes condamnées pour vagabondage ou mendicité seront détenues dans un atelier de discipline où elles seront employées, sous la direction de religieuses, aux travaux de leur sexe.

Dispositions générales.

Art. 21. Une instruction détaillée sera publiée dans chaque colonie par le commissaire général de la République pour l'exécution du présent arrêté.

Paris, le 27 avril 1848.

F. ARAGO.

DÉCRET portant création de caisses d'épargne aux colonies.

RÉPUBLIQUE FRANÇAISE.

Libertéé Egalité, Fraternité.

AU NOM DU PEUPLE FRANÇAIS.

Le Gouvernement provisoire décrète :

ART. 1ᵉʳ. Des caisses d'épargne, à l'imitation de celles de France, seront établies aux colonies, sous la garantie de la République et sous la surveillance de l'administration.

2. Le ministre de la marine et des colonies est chargé de l'exécution du présent décret.

Fait à Paris, en conseil de Gouvernement, le 27 avril 1848.

Les membres du Gouvernement provisoire,

DUPONT (DE L'EURE), CRÉMIEUX, ARMAND MARRAST, LEDRU-ROLLIN, GARNIER-PAGÈS, ALBERT, LOUIS BLANC, FLOCON, MARIE, ARAGO, LAMARTINE.

Le Secrétaire général du Gouvernement provisoire,

PAGNERRE.

DÉCRET relatif à l'impôt personnel et aux taxes sur les spiritueux.

RÉPUBLIQUE FRANÇAISE.
Liberté, Égalité, Fraternité.

AU NOM DU PEUPLE FRANÇAIS.

Le Gouvernement provisoire décrète :

Art. 1er. Il sera pourvu par arrêtés des commissaires généraux de la République à une nouvelle répartition de l'impôt personnel, après l'émancipation dans les colonies.

2. Le contribuable pourra être autorisé, sans qu'il puisse y être contraint, à payer cet impôt par trois journées de travail.

L'impôt sur la fabrication et la consommation des rhums, tafias, vins et autres spiritueux, sera établi ou élevé par des arrêtés des commissaires généraux de la République, conformément au décret de ce jour.

3. Il sera pourvu à l'augmentation du taux des licences de cabaretiers et autres débitants au détail de liqueurs alcooliques.

4. Le ministre de la marine et des colonies est chargé de l'exécution du présent décret.

Fait à Paris, en conseil de Gouvernement, le 27 avril 1848.

Les membres du Gouvernement provisoire,
(Suivent les mêmes signatures).

DÉCRET instituant la fête du travail, et les récompenses publiques pour les travailleurs qui les auront méritées.

RÉPUBLIQUE FRANÇAISE.
Liberté, Égalité, Fraternité.

AU NOM DU PEUPLE FRANÇAIS.

Le Gouvernement provisoire,

Considérant que l'esclavage a déshonoré le travail aux colonies;

Qu'il importe d'effacer par tous les moyens possibles le

caractère de dégradation dont la servitude a marqué l'agriculture ;

Que des récompenses données aux meilleurs travailleurs ajouteront encore à l'heureuse influence de la liberté sur les mœurs ;

Décrète :

Chaque année, il sera célébré une fête du travail avec tout l'appareil et toute la pompe dont il sera possible de l'entourer.

Elle sera présidée, dans la ville chef-lieu du Gouvernement, par le Commissaire général de la République ; dans la seconde ville, par le Procureur général ; dans chaque canton, par le Juge de paix.

Il sera distribué publiquement à cette fête et au chef-lieu de chaque canton, un prix accordé au travailleur (homme ou femme) qui se sera le plus distingué par sa bonne conduite.

Le prix est une somme de 200 fr. ou trente ares de bonne terre arable.

Outre le prix cantonal, il sera prononcé six mentions honorables pour les plus méritants.

Au chef-lieu du Gouvernement, le Commissaire général de la République remettra un prix supérieur au travailleur (homme ou femme) qui aura mérité cette distinction.

Le prix supérieur est de 600 fr. ou d'un hectare de bonne terre arable, plus une bourse dans le lycée colonial de la Guadeloupe dont le lauréat, s'il n'a pas d'enfant, pourra disposer en faveur d'un enfant de son choix. Si c'est une fille qui est désignée, elle sera élevée à l'institution établie par l'art. 11 du décret sur l'instruction publique.

Le conseil municipal de chaque commune nommera un candidat au prix cantonal.

Les maires de chaque commune, réunis au chef-lieu de canton sous la présidence du Juge de paix, choisiront parmi les candidats ainsi désignés celui ou celle qui aura mérité le prix cantonal.

Les Juges de paix, réunis ensemble sous la présidence du Directeur de l'intérieur, choisiront parmi les lauréats cantonaux celui qui aura mérité le prix supérieur.

Nul ne pourra obtenir un prix ou une mention honorable, qui sera convaincu d'avoir été vu en état d'ivresse une seule fois dans l'année.

Tous les travailleurs qui auront gagné un prix supérieur, et qui n'auraient pas démérité par la suite, obtiendront une place d'honneur dans toutes les fêtes et toutes les cérémonies nationales.

La fête du travail sera célébrée tous les ans à l'anniversaire du jour de l'émancipation.

Le Ministre de la marine et des colonies est chargé de l'exécution du présent décret.

Fait à Paris, en conseil de Gouvernement, le 27 avril 1848.

Les membres du Gouvernement provisoire,

(Suivent les mêmes signatures.)

DÉCRET sur le régime hypothécaire et l'expropriation forcée aux colonies.

RÉPUBLIQUE FRANÇAISE.
Liberté, Égalité, Fraternité.

AU NOM DU PEUPLE FRANÇAIS.

Le Gouvernement provisoire,

Considérant qu'il importe de ramener la prospérité dans les colonies françaises par le rétablissement du crédit et d'y maintenir le travail en assurant la juste rémunération des travailleurs libérés de l'esclavage ;

Que l'impossibilité de réaliser les hypothèques par la réquisition de mises aux enchères, par la surenchère ou la vente sur saisie réelle, est la principale cause des souffrances de l'agriculture et de l'industrie coloniale ;

Qu'il doit y être pourvu d'urgence ; mais que, néanmoins, en rétablissant, à cet égard, le droit commun dans les colonies, il y a lieu d'admettre transitoirement certaines modifications,

Décrète :

ART. 1er. Les dispositions des titres XVIII et XIX du livre III du Code civil, concernant les hypothèques, l'expropriation forcée, continueront d'être exécutées ou deviendront exécutoires sauf les modifications ci-après dans les colonies de la Martinique, de la Guadeloupe et dépendances, de la Guyane française et de l'île de la Réunion, aussitôt que le présent décret y aura été promulgué.

2. L'art. 2184 du Code civil est remplacé, dans les mêmes colonies, par les dispositions suivantes :

L'acquéreur ou le donataire déclarera, dans l'acte de notification prescrit par l'art. 2183, qu'il est prêt à acquitter les dettes et charges hypothécaires jusqu'à concurrence du prix, sans distinction des dettes exigibles ou non exigibles, savoir :

S'il s'agit d'une propriété rurale en exploitation, un quart comptant; le surplus, en trois portions égales d'année en année, à partir du jour où est dû le premier quart, et en fournissant caution pour la moitié du prix restant à payer ;

S'il s'agit de toute autre propriété, moitié comptant ; le surplus, dans un an, y compris les intérêts, et en fournissant caution pour la moitié de la somme restant à payer.

Dans le cas où l'acquéreur aura promis que le prix sera payé comptant, ou par portions égales plus fortes, ou à des époques plus rapprochées que celles qui sont fixées par le présent article, les clauses du contrat devront être exécutées.

En cas de revente volontaire de l'immeuble, les délais courront, à l'égard des créanciers du premier vendeur, du jour de la notification faite par le premier acquéreur, ou du jour de la mise en demeure qui aurait précédé cette notification.

3. Lorsque le créancier usera de la faculté de requérir la mise aux enchères et adjudications publiques, il devra, en se conformant aux dispositions de l'art. 2185 du Code civil, se soumettre à payer le prix aux époques auxquelles le premier acquéreur est tenu de le faire, et il donnera, en outre, caution, le tout d'après les dispositions précédentes, et à peine de nullité.

4. Dans le cas prévu par l'art. 2187 du Code civil, l'adjudicataire, par suite de surenchère sur l'aliénation volontaire, jouira, pour le paiement du prix, et en fournissant la caution stipulée par l'art. 2 ci-dessus, des délais déterminés par ce dernier article. Si le contrat de vente contient stipulation de payer comptant, la surenchère devra être faite au comptant pour une somme au moins égale à la première stipulation. Le surplus serait payé par tiers en trois années.

5. L'adjudicataire, sur expropriation forcée ou après surenchère sur l'aliénation forcée, ou après folle-enchère, jouira
également, pour le payement de la portion du prix d'adjudica-
tion qui n'est pas payable comptant, des délais accordés par
l'art. 2 ci-dessus, ĕt en se conformant, pour l'obligation de
fournir caution, aux dispositions dudit article.

Il devra, en outre, payer comptant les frais de poursuite.

6. L'acquéreur donataire, adjudicataire ou créancier, suren-
chérisseur, qui, aux termes des articles précédents, est tenu de
donner caution, sera dispensé de la fournir si, dans des délais
déterminés pour la présente, il offre sur la portion libre de ses
biens situés dans la colonie, une hypothèque égale à la partie du
prix pour laquelle la caution est exigée.

7. Si, par baux postérieurs au présent décret, authentiques
ou sous seing privé, ayant date certaine, le débiteur justifie que
le revenu net et libre de l'immeuble, pendant un an, suffit pour
le payement de la dette en capital, intérêts et frais, et s'il en
offre la délégation au créancier, la poursuite pourra être sus-
pendue par les juges, sauf à être reprise s'il survient quelque
opposition ou obstacle au payement.

Si l'immeuble n'est ni loué ni affermé, les tribunaux ne pour
ront suspendre la poursuite qu'après avoir constaté que les
produits de trois années, dont l'abandon serait offert par le
débiteur, suffisent a l'entier acquittement de la dette en capital,
intérêts et frais.

8. Les dispositions exceptionnelles des art. 2, 3, 4, 5, 6 et 7
du présent décret cesseront d'avoir leur effet dans cinq ans, à
dater de sa promulgation; et, à cette époque, les colonies ren-
treront sous l'empire des art. 2184, 2185, 2187 et 2212 du
Code civil.

9. Par suite du présent décret et aussitôt après sa promulgation, les titres XII et XIII du livre V du Code de procédure,
modifiés par les art. 1 et 2 de la loi du 2 juin 1841, concernant
les ventes judiciaires de biens immeubles, seront rendus exécutoires aux colonies de la Martinique, de la Guadeloupe et
dépendances, de l'île de la Réunion et de la Guyane française,
sous les modifications suivantes :

Le commandement tendant à saisie et tous autres actes à

signifier au saisi, lorsqu'il n'aura pas de domicile réel ou élu dans la colonie, seront signifiés, soit à son gérant, soit au parquet du tribunal dans la forme prescrite par l'art. 6, n. 8, de l'ordonnance du 19 octobre 1828.

Dans le procès-verbal de saisie, ne sera pas exigée la copie de la matrice du rôle de la contribution foncière, pour les objets saisis, s'il s'agit d'immeubles ruraux.

Les insertions ou annonces prescrites seront faites dans un journal de la colonie, d'après un tarif fixé par l'autorité administrative, sans que les cours d'appel aient à faire aucune désignation des journaux où devraient être insérées les annonces judiciaires.

Il ne pourra être passé en taxe plus de trois cents exemplaires des placards qui doivent être affichés. Ce nombre n'excédera pas deux cents à la Guyane française.

Toute disposition prononçant la contrainte par corps sera sans effet quant à cette voie d'exécution.

10. Lorsqu'un délai devra être augmenté à raison des distances dans la colonie, l'augmentation sera d'un jour par trois myriamètres.

11. Les ventes judiciaires qui seront commencées antérieurement à la promulgation du présent décret, à la Guyane française et à l'île de la Réunion, continueront à être régies par les lois en vigueur jusqu'à ce jour dans les colonies.

Les ventes seront censées commencées, savoir :

Pour la saisie immobilière, si le procès-verbal a été transcrit, et pour les autres ventes, si les placards ont été affichés.

12. Le titre 14 du livre V du Code de procédure civile, intitulé : *De l'ordre*, actuellement en vigueur dans la métropole, sera rendu exécutoire aux colonies de la Martinique, de la Guadeloupe et dépendances, de l'île de la Réunion et de la Guyane française. Les bordereaux de collocation délivrés aux créanciers ne seront payables que dans les termes des art. 2, 3, 4, 5 et 6 du présent décret.

13. Dans les mêmes colonies, l'ordonnance du 10 octobre 1841 réglera les frais et dépens relatifs aux actes ou aux ventes résultant de l'exécution du présent décret. Le tarif à suivre, en ce qui concerne les huissiers, les avoués et les experts, sera

celui qui est déterminé par le titre 2 de cette ordonnance, sous réduction d'un dixième.

14. Le ministre de la marine et des colonies est chargé de l'exécution du présent décret.

Fait à Paris, en conseil de Gouvernement, le 27 avril 1848.

Les membres du Gouvernement provisoire,
(Suivent les mêmes signatures).

RÉPUBLIQUE FRANÇAISE.
Liberté, Égalité, Fraternité.
AU NOM DU PEUPLE FRANÇAIS.

Instructions du Gouvernement provisoire pour les élections dans les colonies, ayant force de décret.

1. *Nombre des représentants.*

1° Le nombre des représentants du peuple à l'assemblée nationale sera de trois pour la Martinique, trois pour la Guadeloupe, un pour la Guyane, trois pour l'île de la Réunion, un pour le Sénégal et dépendances, un pour les établissements français de l'Inde.

Les colonies pourront nommer des représentants suppléants au nombre de deux pour la Martinique, deux pour la Guadeloupe, un pour la Guyane, deux pour l'île de la Réunion, un pour le Sénégal, un pour l'Inde.

Ils ne siégeront qu'en l'absence des titulaires et recevront, dans ce cas seul, l'indemnité allouée à ceux-ci par le décret du 5 mars.

Époque des élections.

2° Les élections auront lieu dans le plus bref délai possible après la libération générale des esclaves, devenus citoyens français.

L'époque de la convocation des assemblées électorales sera fixée par les commissaires généraux de la République.

II. *Confection des listes électorales.*

3° (1) Les maires réuniront immédiatement les conseils mu-
de l'instruction relatives aux élections dans la métropole.
nicipaux pour dresser la liste des électeurs appartenant à leurs communes respectives.

A la Guyane, ces fonctions seront remplies, hors du chef-lieu de la colonie, par les commissaires commandants de quar-

---

(1) Les numéros entre parenthèses sont ceux des articles correspondants de l'instruction sur les élections dans la métropole.

tiers, assistés de trois habitants désignés par le commissaire général de la République; au Sénégal, elles seront exercées, dans chaque arrondissement, par le chef du service administratif, assisté de trois habitants désignés de la même manière.

Dans les établissements français de l'Inde, les élections auront lieu, après la publication des présentes instructions, dans un bref délai qui sera fixé par le commissaire général de la République. Les listes électorales seront dressées dans chaque arrondissement administratif, ainsi qu'il est prévu ci-dessus pour le Sénégal. L'arrondissement de Pondichéry pourra être divisé en trois sous-arrondissements, dont la circonscription sera déterminée par l'autorité locale.

4° (2). Les listes électorales seront dressées selon les circonstances propres à chaque colonie, au moyen :

1° Des listes électorales antérieures ayant servi aux élections de tous les degrés;

2° Des tableaux de dénombrement et des registres de l'état civil de la population actuellement libre;

3° Des contrôles de la milice;

4° Des registres qui devront être immédiatement établis pour la population actuellement esclave, et sur lesquels tous les individus aujourd'hui portés aux registres matricules des esclaves seront inscrits sous les noms patronimiques qui leur seront attribués.

Conditions d'inscription des électeurs.

Age.

5° (2). Il ne sera besoin de faire de vérification, quant à l'âge de 21 ans, que lorsqu'il pourra s'élever quelques doutes à cet égard. L'âge des jeunes citoyens qui ne seraient pas nés dans la commune sera constaté, soit par les papiers indiquant l'époque de leur naissance, soit par les indications portées aux registres mentionnés en l'article 4, n° 4.

Nationalité.

6° (3). La condition d'être né ou naturalisé Français peut se justifier, soit par la possession résultant de votes antérieurs, soit par la représentation des actes de naturalisation délivrés par les gouvernements précédents, lettres d'avis, ou autres actes officiels. Seront dispensés de toute preuve de naturalisation les habitants indigènes du Sénégal et dépendances et des établissements français de l'Inde , justifiant d'une résidence de plus de cinq années dans lesdites possessions.

7° (4). Le droit d'élire les représentants du peuple est le premier des droits civiques. Ce droit n'appartient plus à celui qui a perdu la qualité de Français par la naturalisation en pays étranger.

Les droits de citoyen peuvent se perdre ou être suspendus par des décisions judiciaires , savoir :

Les condamnations à des peines afflictives ou infamantes ; cet état d'incapacité cesse quand il y a eu réhabilitation.

Les arrêts portant renvoi devant les cours d'assises.

Les condamnations à des peines correctionnelles , lorsque le tribunal a ajouté à ces peines l'interdiction des droits de vote et d'être juré , témoin , etc.

Les jugements qui ont prononcé , à titre de peine, la surveillance de la haute police.

Les jugements portant déclarations de faillites non suivies de concordats.

Ne pourront non plus exercer le droit de vote les interdits ni ceux qui sont retenus pour cause de démence dans une maison d'aliénés.

Les autres incapacités établies par les lois antérieures sont abrogées.

Résidence.

8° (5). Pour être inscrit comme électeur dans une commune, il faut y avoir une résidence de six mois.

Les citoyens qui, depuis moins de six mois, ont changé de résidence sont admis à se faire inscrire dans la commune où ils résidaient précédemment.

Si un citoyen habitant la colonie depuis moins de six mois justifie de son droit de vote dans une autre colonie ou en France, il pourra être inscrit sur la liste des électeurs de la commune où il vient de s'établir, pourvu que son départ de France soit antérieur aux élections métropolitaines.

A l'égard des citoyens qui, à raison de leurs affaires, commerce, industrie ou travail, habiteraient pendant le cours de l'année dans plusieurs communes, ils pourront être admis, sur leur demande, à se faire inscrire comme électeurs dans la commune qu'ils auront choisie, pourvu qu'ils en aient fait la déclaration tant à la mairie de la commune qu'ils habitent actuellement que dans celle où ils demandent à voter.

9° (6). Nul ne pourra voter en deux assemblées électorales différentes.

Forme des listes.

10° (8). La liste des électeurs sera dressée par ordre alphabétique.

Pour les villes et bourgs, la liste indiquera les noms, âge, profession et demeure des électeurs. Les mêmes indications seront, autant que possible, portées sur les listes en ce qui concerne les électeurs appartenant aux communes ou localités rurales.

Publications et réclamations.

11° (9). L'époque de la clôture des listes dans chaque commune, quartier, arrondissement, sous-arrondissement, sera fixée par le commissaire général de la République. Pendant cinq jours, après la clôture, les listes resteront déposées à la mairie ou au siége de l'administration faisant l'office de l'autorité municipale. Le maire, ou le fonctionnaire en tenant lieu, fera connaître par voie d'affiche que, pendant cet espace de temps, chaque citoyen pourra en prendre communication sans déplacement.

Les réclamations qui seraient formées par des citoyens contre l'omission de leur nom ou pour cause d'erreur, seront jugées sommairement, soit par le maire en conseil municipal, soit par le fonctionnaire ou le comité en tenant lieu, lesquels feront, s'il y a lieu, les rectifications nécessaires.

Les réclamations ultérieures seront adressées au conseil municipal ou au comité du chef-lieu de canton, sauf le cas d'exception ci-après prévu.

12° Les commissaires généraux de la République pourront autoriser le vote par commune, par quartier ou par sous-arrondissement, quand la réunion des électeurs au chef-lieu du canton ou d'un arrondissement offrira trop de difficultés, à raison de la nature de certaines localités, spécialement à la Guadeloupe, à la Guyane et dans les établissements français de l'Inde.

Envoi des listes au maire du chef-lieu de canton.

13° (10). Le sixième jour, la liste, définitivement close, sera envoyée au maire du chef-lieu de canton ou au comité en tenant lieu, pour servir à l'appel des électeurs sauf le cas de vote dans la commune, le quartier, ou le sous-arrondissement, ainsi qu'il est prévu dans l'article précédent.

Le conseil municipal de chef-lieu de canton, ou le comité en tenant lieu, statuera, jusques et y compris l'avant-veille du jour du vote, sur les réclamations qui lui seraient adressées sur la teneur des listes.

Le même délai sera accordé pour la révision et la rectification des listes quand elles resteront déposées, par exception, ainsi qu'il est prévu ci-dessus, dans les communes ou sous-arrondissements.

III. *Opérations des assemblées électorales.*

14° (11). Le maire du chef-lieu de canton, ou le comité en tenant lieu, à mesure qu'il recevra les listes des communes, les fera transcrire dans la forme des listes d'inscription de votants qui étaient dressées précédemment pour les élections au conseil général ou colonial.

Ces listes, en nombre égal à celui des communes du canton, serviront à l'appel et à l'inscription des votants.

15° (12) Le maire fera disposer la salle d'élection suivant qu'il sera expliqué ci-dessous.

16° (13). Lors de la clôture des listes, et trois jours avant la réunion, les électeurs de chaque commune seront avertis, par tous les moyens de publicité qui sont au pouvoir des maires, de se rendre, ainsi que c'est leur droit et leur devoir, à l'assemblée électorale pour prendre part à l'élection des représentants du peuple.

17° (14). Il sera délivré à chaque électeur une carte ou un billet portant :

N...., électeur,

à N.... (nom de la commune),

avec la signature du maire ou du fonctionnaire en tenant lieu.

Avis à donner aux électeurs et dispositions des locaux.

18° (15). Un arrêté du directeur de l'intérieur, affiché dans toutes les communes et publié à son de caisse, fera connaître que les électeurs sont convoqués dans les chefs-lieux de canton ou dans les autres localités pour le jour qui aura été fixé par le commissaire général de la République, à l'effet d'élire le nombre des représentants indiqué par l'article 1er ci-dessus , et que ces représentants pourront être choisis parmi les électeurs âgés de vingt-cinq ans , sans aucune condition de cens ni domicile.

19° (16). Un avis publié par le maire de la commune chef-lieu de canton , ou par l'autorité des autres localités exceptionnellement érigées en siége électoral , informera les électeurs que le scrutin s'ouvrira à sept heures du matin au jour qui aura été fixé , qu'on appellera d'abord les électeurs de la commune chef-lieu , et successivement ceux des autres communes , selon tel ordre déterminé , en commençant par les communes les plus éloignées , sauf le cas de vote spécial dans une commune hors du chef-lieu de canton , dans un quartier ou dans un sous-arrondissement , ainsi qu'il est prévu ci-dessus.

20° (17). Des dispositions seront prises pour que les électeurs des diverses communes puissent émettre leur vote avec la plus entière liberté.

Composition du bureau.

21° (18). Le bureau sera présidé par le juge de paix du canton ; à son défaut, par un des suppléants ou par le maire ou par le fonctionnaire en tenant lieu. Les scrutateurs , au nombre de six , seront pris parmi les premiers conseillers municipaux, selon l'ordre du tableau, ou au nombre de trois , parmi les membres du comité tenant lieu de conseil municipal. Les présidents et scrutateurs choisiront le secrétaire.

22° (19). La police de chaque assemblée électorale appartient au président. Nulle force armée ne peut, sans sa demande , être placée dans le lieu ou aux abords de la salle.

Inscription et dépôt des bulletins.

23° (20). Le vote sera secret, mais, à raison du nombre considérable d'électeurs, les bulletins pourront n'être pas écrits dans la salle et en présence du bureau.

Chaque électeur pourra apporter le sien après l'avoir écrit ou fait écrire en dehors de l'assemblée et après avoir pris soin de le plier.

24° (21). Le président , en le recevant et avant de le déposer dans la boîte du scrutin , s'assurera que ce bulletin n'en renferme pas d'autre.

25° (22). Chaque bulletin doit contenir autant de noms qu'il y a de représentants à élire dans la colonie.

Des affiches placées dans la salle et en dehors rappelleront ce devoir aux électeurs , ainsi que les conditions d'éligibilité. Le même avertissement sera donné par des crieurs, à son de caisse, si le président le juge utile.

26° (23). Les électeurs, accompagnés du maire, entreront successivement dans la salle par ordre de communes.

Ils déposeront leurs bulletins dès que leurs noms seront appelés.

27° (24). A mesure que chaque électeur déposera son vote, un des scrutateurs le constatera en inscrivant son propre nom ou son paraphe en regard du nom du votant.

28° (25). Les maires des différentes communes, les commandants de quartiers ou les chefs de sous-arrondissements, prendront tour à tour place au bureau ; ils auront voix consultative en cas de réclamation.

Durée et clôture du scrutin.

29° (26). Le scrutin ne pourra être prolongé au-delà de six heures du soir.

Si l'appel et le réappel ne sont pas terminés le premier jour à ladite heure, la boîte du scrutin sera fermée et scellée, puis déposée sous clef à la mairie sous la garde d'un factionnaire.

Le scrutin sera continué le lendemain.

30° (27). Quand l'appel de tous les électeurs par commune sera terminé , il sera procédé à un réappel de tous les électeurs qui n'auront pas voté.

Dépouillement des bulletins.

31° (28). Une heure après le réappel, le scrutin sera clos, et le bureau procédera au dépouillement de la manière suivante :

32° (29). Il comptera les bulletins trouvés dans la boîte et en comparera le nombre avec celui des votants, constaté par les feuilles d'inscription, sans qu'il soit besoin de recommencer l'opération pour quelques légères différences qui proviennent, le plus souvent, d'omissions faites par les scrutateurs sur les feuilles d'inscriptions des votants.

33° (30). Après la constatation du nombre des bulletins déposés, le président fera procéder au dépouillement.

A cet effet, et pour accélérer l'opération, la masse des bulletins sera distribuée en groupes qui seront dépouillés sur des tables séparées. Le bureau désignera parmi les électeurs présents, et qui accepteront cette mission, des scrutateurs supplémentaires en nombre suffisant pour qu'il y en ait quatre à chaque table de dépouillement.

34° (31). Si un bulletin contenait plus de noms qu'il n'y a de représentants à élire, les scrutateurs ne tiendraient pas compte des derniers noms inscrits qui excéderaient ce nombre.

35° (32). Le bureau décidera provisoirement toutes les difficultés qui s'élèveraient concernant les opérations de l'assemblée électorale.

36° (33). Après la proclamation du résultat du scrutin, les bulletins non contestés seront brûlés.

Recensement général des votes.

57° (34) Le procès-verbal de chaque assemblée de canton ou d'arrondissement et de chaque assemblée de commune ou de sous-arrondissement, dans le cas d'exception ci-dessus prévu, sera porté au chef-lieu de la colonie par le président et le secrétaire ou par deux membres choisis par le bureau du chef-lieu de canton ou d'arrondissement.

58° 55). Le recensement général des votes de tous les cantons ou arrondissements et des communes ou sous-arrondissements, dans le cas de vote auxdits lieux, se fera à l'hôtel de ville du chef-lieu de la colonie, en séance publique et en présence des délégués du bureau de chaque assemblée électorale du chef-lieu de canton ou d'arrondissement.

59° (36). Le bureau central, chargé du recensement général des votes, sera présidé par le président de l'assemblée électorale du chef-lieu. Il sera assisté par les délégués des assemblées électorales de la colonie.

Le procès-verbal des opérations du recensement général et de leur résultat sera envoyé au ministre de la marine et des colonies par le commissaire général de la République.

Proclamation du résultat définitif du scrutin.

40° (59). Après le recensement des votes, le président du bureau central de la colonie proclamera représentants du peuple, pour le nombre fixé par l'art. 1er, les candidats qui auront obtenu le plus de voix selon l'ordre de la majorité relative, pourvu toutefois qu'ils aient réuni chacun deux mille voix au moins à la Martinique, à la Guadeloupe, à l'île de la Réunion et dans les établissements français de l'Inde. Le minimum du nombre de voix exigé pour la validité de l'élection sera de mille pour le Sénégal et pour la Guyane française.

41° (40). Si le nombre des représentants attribué à chaque colonie n'est pas atteint, il sera procédé à des élections supplémentaires dans les formes indiquées ci-dessus, et dans un délai de huit jours, pour la Martinique, la Guadeloupe et l'île de la Réunion ; de quinze jours pour le Sénégal et dépendances ; d'un mois pour la Guyane française, et de deux mois pour les établissements français de l'Inde,

42° (45). La présente instruction aura la même force que le décret du 5 mars 1848.

43° Le ministre de la marine et des colonies est chargé de l'exécution du présent décret.

Fait à Paris, en conseil de Gouvernement, le 27 avril 1848.

Les membres du Gouvernement provisoire,

(Suivent les mêmes signatures).

DÉCRET portant suppression des conseils coloniaux et des fonctions de délégués des colonies.

RÉPUBLIQUE FRANÇAISE.
Liberté, Égalité, Fraternité.
AU NOM DU PEUPLE FRANÇAIS.

Le Gouvernement provisoire,

Vu l'art. 5 du décret du 5 mars, qui admet les colonies françaises à la représentation nationale,

Décrète :

ART. 1er. Les conseils coloniaux de la Martinique, de la Guadeloupe, de la Guyane française et de l'île de la Réunion, et les conseils généraux du Sénégal et des établissements français de l'Inde, sont supprimés.

Les fonctions de délégués des colonies sont également supprimées à dater de ce jour.

2. Le ministre de la marine et des colonies est chargé de l'exécution du présent décret.

Fait à Paris, en conseil de Gouvernement, le 27 avril 1848.
Les membres du Gouvernement provisoire,
(Suivent les mêmes signatures).

DÉCRET concernant les pouvoirs des commissaires généraux de la République dans les colonies.

RÉPUBLIQUE FRANÇAISE.
Liberté, Égalité, Fraternité.
AU NOM DU PEUPLE FRANÇAIS.

Le Gouvernement provisoire,

Vu le décret de ce jour, portant suppression des conseils coloniaux;

Vu les décrets des 5 mars et 27 avril 1848, relatifs à l'envoi de représentants des colonies à l'assemblée nationale;

Considérant que, jusqu'à ce qu'il ait été statué par l'assemblée nationale sur le régime législatif des colonies, le pouvoir local doit réunir certaines attributions qui étaient partagées entre les conseils coloniaux et le Gouvernement,

Décrète :

ART. 1er. Les commissaires généraux de la République dans les colonies sont autorisés à statuer par arrêtés sur les matières énumérées dans l'art. 3, paragraphes 2, 3, 4 et 8, et dans les art. 4, 5 et 6 de la loi du 24 avril 1833.

2. Ces arrêtés seront provisoirement exécutoires, sauf l'approbation du ministre.

3. Le ministre de la marine et des colonies est chargé de l'exécution du présent décret.

Fait à Paris, en conseil de Gouvernement, le 27 avril 1848.
Les membres du Gouvernement provisoire,
(Suivent les mêmes signatures).

DÉCRET concernant le régime de la presse aux colonies.

RÉPUBLIQUE FDANÇAISE.
Liberté, Égalité, Fraternité.
AU NOM DU PEUPLE FRANÇAIS.

Le Gouvernement provisoire,

Considérant que la liberté de la presse est le premier besoin d'un pays libre;

Que les colonies sont appelées désormais à jouir de tous les droits publics de la nation ;

Que si les sociétés coloniales, en présence de l'esclavage, redoutaient la libre discussion, elles doivent être affranchies de toute oppression de la pensée, comme de toute servitude de l'homme,

Décrète :

ART. 1er. La censure des journaux et autres écrits, confiée à l'autorité administrative par les art. 44 et 120, § 49 de l'ordonnance organique du 9 février 1827, est abolie.

A l'avenir, tous les journaux pourront être imprimés et publiés sans autorisation préalable, et ne pourront être suspendus ou révoqués administrativement.

Tous écrits non condamnés par les tribunaux pourront être librement introduits dans les colonies.

2. Sont exécutoires, aux colonies, jusqu'à ce qu'il ait été statué par l'assemblée nationale, et sous les modifications résultant des décrets du Gouvernement provisoire, les lois et ordonnances concernant la police de la presse et de l'imprimerie, la répression et la poursuite des crimes, délits ou contraventions commis par la voie de la presse ou autres moyens de publication des journaux ou écrits périodiques.

3. Néanmoins, les dispositions des lois incompatibles avec l'organisation judiciaire actuelle des colonies resteront sans effet. Les cours d'appel, jugeant correctionnellement, connaîtront des simples contraventions. Les cours d'assises, composées conformément à l'art. 67 de l'ordonnance organique du 24 septembre 1828, connaîtront de tous crimes et délits commis par la voie de la presse ou tous autres moyens de publication. L'art. 176 de l'ordonnance du 24 septembre 1828 (1) est abrogé.

Seront aptes à faire partie du collége des assesseurs tous citoyens éligibles à l'assemblée nationale.

4. Le ministre de la marine et des colonies est chargé de l'exécution du présent décret.

Fait en conseil de Gouvernement, le 2 mai 1848.

Les membres du Gouvernement provisoire,

(Suivent les mêmes signatures).

---

(1) Art. 176. Les assesseurs devront être âgés au moins de 30 ans révolus.

RÉPUBLIQUE FRANÇAISE.
Liberté, Égalité, Fraternité.

Rapport au Gouvernement provisoire sur l'application aux colonies des dispositions qui régissent en France le recrutement de l'armée, l'inscription maritime et la garde nationale.

Citoyens,

Les décrets que vous avez rendus sur les colonies en font aujourd'hui une partie intégrante du territoire de la République. En les régénérant par l'abolition de l'esclavage, vous avez voulu qu'elles fussent au plus tôt fraternellement assimilées à la mère-patrie, en substituant progressivement le régime du droit commun au régime exceptionnel sous lequel elles ont été si longtemps placées.

L'une des premières mesures à prendre d'urgence doit être celle qui aura pour objet d'appeler immédiatement la population que vous venez de rendre à la liberté à concourir à la défense de la patrie.

Le régime des milices, approprié à un état de choses qui n'existe plus, doit disparaître et faire place à un ensemble de dispositions qui aura pour effet d'appliquer aux colonies les lois qui régissent en France le recrutement de l'armée, l'inscription maritime et la garde nationale.

Faire participer tous et chacun à la dette de sang qui pèse sur les enfants de la mère-patrie ; mettre à profit, dans l'intérêt de la France, la population nombreuse aux colonies, et surtout au Sénégal, qui se livre à la navigation et à la pêche, population qui nous échapperait peut-être aujourd'hui si elle n'était point placée immédiatement dans le droit commun ; appeler enfin la totalité des colons au maintien de l'ordre et de la tranquillité intérieurs, tels sont les principes généraux qui militent en faveur du projet de décret qui est ci-joint.

Ce projet a été élaboré dans le sein d'une commission composée d'hommes compétents, officiers généraux et autres (2) ; il

---

(2) Cette commission était composée des citoyens de Coisy, général de division, inspecteur général du matériel de l'artillerie de marine, président ; Doüat, chef du bureau du personnel et des services militaires des colonies, Lemat, chef du bureau de l'inscription maritime ; Frébault, chef de bataillon d'artillerie de marine ; Favre, chef de bataillon d'infanterie de marine ; Onfroy, sous-chef de bureau du personnel et des services militaires des colonies.

a d'ailleurs été pour ainsi dire sanctionné à l'avance par des colons qui, entendus devant la commission de l'abolition de l'esclavage, ont exprimé cette opinion, que l'application du recrutement et de l'inscription maritime serait un moyen de diminuer les préjugés de couleur et de faire entrer les noirs plus avant et plus rapidement dans notre civilisation par l'éducation régimentaire.

C'est donc avec confiance que je soumets à votre approbation le projet de décret ci-annexé.

Le membre du Gouvernement provisoire, ministre de la marine et des colonies,

F. ARAGO.

DÉCRET portant application aux colonies des lois sur le recrutement de l'armée, sur l'inscription maritime et la garde nationale.

RÉPUBLIQUE FRANÇAISE.
Liberté, Égalité, Fraternité.
AU NOM DU PEUPLE FRANÇAIS.

Le Gouvernement provisoire,

Considérant que les colonies sont une portion intégrante du territoire de la République ;

Qu'en les régénérant par l'abolition de l'esclavage, on ne saurait trop tôt y détruire les lois exceptionnelles, les faire rentrer dans le droit commun, et les assimiler complètement à la mère-patrie,

Décrète :

Art. 1er. La loi du 21 mars 1852 sur le recrutement de l'armée est appliquée aux colonies, où elle sera immédiatement promulguée et mise en vigueur.

Art. 2. Les jeunes soldats appelés au service militaire en vertu du présent décret seront de préférence affectés au service des colonies.

Art. 3. Toutes les instructions qui régissent le mode de recrutement en France seront suivies aux colonies.

Art. 4. Une instruction du ministre de la marine désignera les agents qui, dans les colonies, rempliront les fonctions que la loi attribue, en France, au préfet, au sous-préfet et aux conseillers de préfecture de département et d'arrondissement.

Art. 5. L'inscription maritime est établie aux colonies françaises, où sont applicables désormais les lois et règlements qui régissent en France cette institution.

Art. 6. Sont appliquées dans les colonies :

1° La loi du 22 mars 1831, portant organisation de la garde nationale de France ;

2° La loi du 30 avril 1846, le décret du 8 mars 1848, et l'arrêté du 26 mars 1848, qui ont modifié, dans certaines dispositions, la loi du 22 mars 1831 ;

3° La loi du 19 avril 1832, qui prescrit l'établissement d'un contrôle permanent des gardes nationales mobilisables.

Art. 7. On devra, quant au surplus, se référer aux dispositions contenues dans la loi du 12 août 1790, dans la loi du 10 juillet 1791, dans le décret du 24 décembre 1811, et dans les lois des 12 décembre 1790, 5 août 1791, 29 septembre 1791, et 8 germinal an 6, en ce qui concerne spécialement le service de la garde nationale dans les places de guerre et les postes militaires, et les rapports à établir entre la garde nationale, les autorités administratives et la gendarmerie.

Art. 8. Une instruction du ministre de la marine réglera, dans les détails, l'application des art. 6 et 7 ci-dessus, et déterminera spécialement la part d'attributions qui devra être dévolue aux gouverneurs, aux commandants militaires, aux directeurs de l'intérieur, etc.

Art. 9. Le ministre de la guerre et le ministre de la marine et des colonies sont chargés, chacun en ce qui le concerne, de l'exécution du présent décret.

Fait à Paris, en conseil de Gouvernement, le 3 mai 1848.

Les membres du Gouvernement provisoire,
(Suivent les signatures.)

Pour ampliation : — Pour le ministre de la marine
et des colonies, et par ordre,

Le sous-secrétaire d'État,
V. SCHOELCHER.

Enregistré au greffe de la cour d'appel de la Guadeloupe, le 5 juin 1848, f° 139 et suivants du registre n° 8.

Le greffier en chef,
Signé Henry CAILLET.